JN308558

絵本●すいぞくかん
あそぼう編

うみのしゅくだい

え● ともなが たろ

ぶん● なかの ひろみ

● まつざわ せいじ

でっかい海の絵をかいたで

海や、海じゃ～っ、海ですがな。うみべで、思いっきり海の絵をかいたら、気分サイコー。気持ちまで、海のように広く、大きくなりました。紙は大きいほど楽しゅうおます。

〈かんそう〉 かくのは楽やけど大きいから、絵を運ぶのがえらいたいへんやった。

1年 さんご組 もんがら たろう

先生から
あっぱれな大作ですね。
教室がせまく感じます。
貝がらや絵などを
はりつけてもいいですね。

スポンジを使ってかくとごーかいにかける

手にえのぐをつけてかいたら気分サイコーや
ペタ ペタ

近くの人のメーワクにならないように気をつけてね

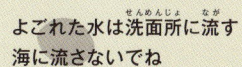

よごれた水は洗面所に流す
海に流さないでね

かわいたら
おりたたんで
お持ちかえり

＊注意 こみあったビーチではやらないこと。すいている場所、すいている時間に。

ぱらぱら海絵本つくったよ

ひるねのあいまにカメラマン。
ひまつぶしに海の本、と思いきや
とっぷり、ざんぶり、すっかり
このゲージュツに はまってしまい
ねるのもおしんで、ぱちぱちぱちり。
ついつい 12さつもつくりました。
〈かんそう〉 サメおじさんに
カメラをむけたらすごまれた。
でも話をしたら OK してくれた。

3年 ぷかぷか組 たいへいよう まんぼう

先生から
りっぱなマンボウ文庫が
できましたね。
写真は、あいてのゆるしを
もらってからとりましょうね。

ぼくのつくった本いろいろ

写真をはりあわせてつくる

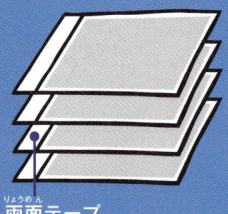
両面テープ

1 写真のじゅんばんを きめて、かさねていく。

2 和紙などをはって じょうぶにする。

3 表紙をつくって はる。

がっしりしたクリップ

4 できあがり。

小さなスケッチブックに写真をはってつくる

写真ファイルや絵はがきファイルを使う

透明ファイル

油性ペンでふきだしや
キャラクターをかいたり
してもおもしろい

わい　　わい

ぼくの絵本より
おもしろ〜い絵本
できるかな？

ぱらぱら写真絵本

ぱらぱらめくると、動いているように見える本。
アニメのしくみとおなじだ。
写真は30まい以上あったほうが動きがよくわかる。

テーマをきめ、おなじ場所で
時間をきめて写真をとる。
おなじ人、おなじものでもいい。
シンプルで変化の大きいもの
がわかりやすい

『ビーチのニンゲン観察』

時間をおって観察すると
いろいろな発見がある。

＊写真をとられるのがいやな人もいる。
かってにとると罪になるので注意

『おきあがれ！ヒトデ』

ひっくりかえしたヒトデが
おきあがるところをとる。
時間をはかると、よりリアル。

＊ヒトデは、もといた場所に
かえしてやるべし。

しゅくだいに
時間をかけたくない人に
おススメ

『うみべの1日』

満月や新月の日は
潮のみちひきが大きくて変化が
あるのでおすすめ。
朝、昼、夕方で海の色もちがう。
自分のかげも時間と
ともにかわるよ。

＊潮のみちひきの話や
海の色の話をしらべて
あとがきにすると
しゅくだいらしくなる。

かんそうや
まとめを入れると
しゅくだいらしくなるよ

『足あとをおって』

朝早くおきて、うみべを歩くと
たくさんの足あと、はったあとが見つかる。
夕方まで時間をおって写真をとった。

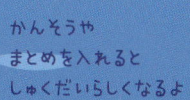

箱に色をぬったり
紙をはったりすると豪華に見える
ラベルをつけると、標本らしくなる

こだわって集めてみました★★★

貝がらコレクション

よごれをおとして、かわかしてならべる。
砂をしきつめたり、綿や紙をしくとすてき。

石コレクション

ビーチによって
おちている石の感じ
がちがうのだ。

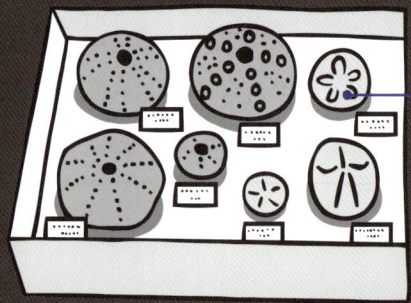

タコノマクラなど
かわったウニが
見つかるとラッキー！

標本風にまとめるなら
場所と採集年月日を
書いたラベルをつける

アクリルえのぐなどで
ペイントすると
ペーパーウエイトになる

ウニのからコレクション

ウニの種類によって少しずつちがう。
大きさもいろいろ。

海そうおしば

① 水で塩ぬき。

② 紙をつけてそっとすくい
形をととのえる。

③ 新聞などの間にはさんで
かわかす。乾燥剤を使うと
早くかわく。

"海のコレクション"です

朝ごはん前に、海を歩きました。
耳をすませば、潮風、潮騒。
目をこらせば、海からのおくりもの。
自然は自然の中にゴミをつくらず。
気にいったものを集めてみました。
ついでに新しい家も見つけました。
早おきは、やっぱりお得ですね。
〈はんせい〉ついつい、やはり、
りっぱな貝がらばかりに目が…。

4年 しおだまり組 かいの やどかり

先生から
ネイチャーコレクション、
すてきですね。漁港を
さんぽすると"ほりだしもの"
が見つかりますよ。

ビーチグラス
ガラスのかけらが波や砂で
みがかれたもの

タコブネ
海にうかんでくらす
タコのなかまのつくるから

ヤシの実
大きすぎるものは
写真でのこす

カニのからコレクション
カニが脱皮した（からをぬいだ）あと。
かわかして、形をととのえた。

こわれやすいので
とりあつかい注意

タコ・コレできめました

すたこらさっさと歩かずに
きょろきょろしながら、さんぽ。
いろいろなものが目につくのだな。
きゅうばんつきの8本あしは
べんりこのうえなしであ〜る。
ぼくの海コレクション"タコ・コレ"。
いいでしょ。
〈かんそう〉 ニンゲンの生活用品
がたくさんおちていてびっくり。

4年 かいてい組　たこの くねお

先生から
先日ビーチクリーニングに
参加しました。海のごみを
どうするか、ニンゲンと
しんけんに話しましたよ。

うみべでひろった ほね・コレ

いちばんのお宝は
クジラのほね。
ミズナギドリの
頭のほね
魚のほね
イカの甲…
いろいろあるのだな。

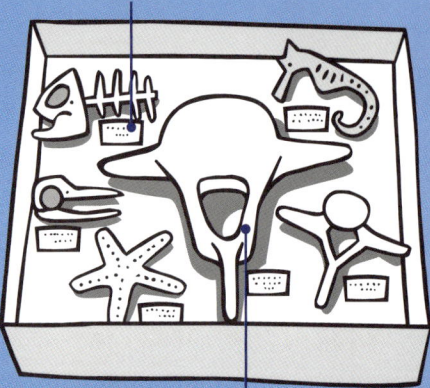

ラベルには
採集地と採集年月日を書く

お湯にてから、ていねいに洗う。
ほねだけにして、かわかすべし。
くさっていたり、大きすぎたりして
持ちかえれないときは写真にとる

ごみであるか　お宝であるか　あ〜っ　なやましいのだ

びん・コレ

韓国や中国など、外国のびんもよく見つかる。
どこからきたのかしらべてみると、ベンキョーになる。
薬のびんや注射針が見つかることがあるけど
素手でさわらないこと。注意してね。

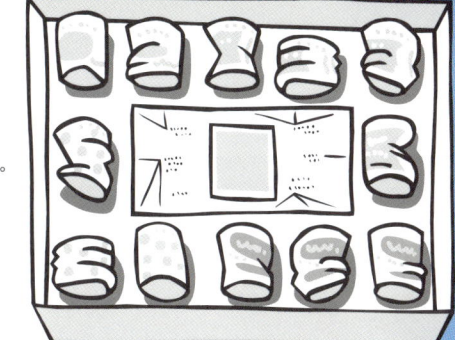

かん・コレ

ビーチにある自動販売機で
売っているものとくらべると
おもしろい発見があるかも。

浮子・コレ

漁網やつり針をうかせるためのもの。
漁網には貝や魚などがついていることも多い。

＊手でそのままさわるとあぶないものもある。
はさむもの（トングや火ばさみなど）があると安心。

★ つつにあう鏡の大きさのかんたんな計算式

つつの内径 × 0.86 ＝ 円に内接する正三角形の一辺
（内側の直径）　　　　　　　（鏡の一辺の長さ）

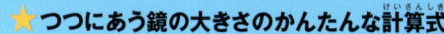

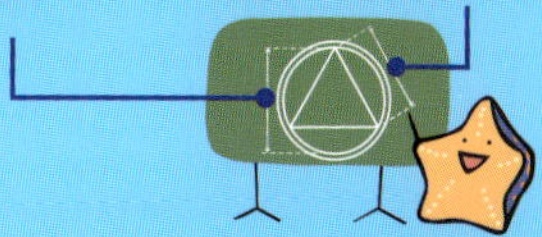

2 組み立てる

すきまから光が入らないように注意

3 つつなどに入れる

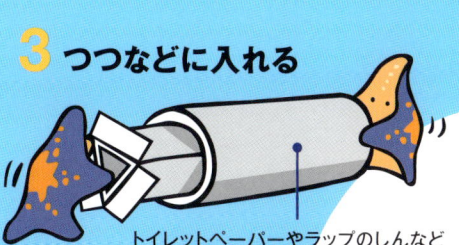

トイレットペーパーやラップのしんなど自分でつくってももちろんOK

4 のぞきあなをとりつける

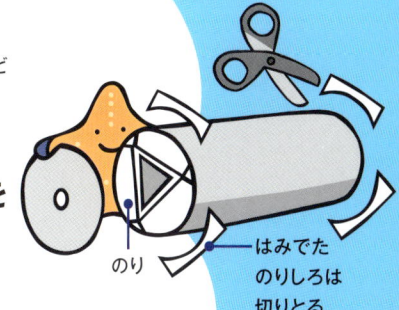

のり　　はみでたのりしろは切りとる

5 透明プラスチックケースをとりつける

底に半透明の紙をしく
トレーシングペーパーやクッキングシートなど
（風景がうつりこむのをふせぐため）

6 海でひろったものを入れる

ふたのあるものだといろいろ入れかえて遊べる

7 まわりを自分流にデコレーション

紙をはるもよし
紙ねんどなどでかためるもよし

海水から塩をつくりました

なめるとしょっぱい海の水。
どのくらいしょっぱいか
どんなふうにしょっぱいのか
しらべるために、海の水から
塩をつくる実験をしました。
〈かんそう〉いがいとかんたん。
海水からつくったぼくの塩は
ふかみのある、あまいしょっぱさ
でした。おにぎり、うまかった。

4年 しおだまり組 いその かにお

先生から
海をあじわって学ぶ。
いいですね。
さとうきびからさとうも
つくってみたらどうかしら。

塩ができたらおにぎり 塩ができたらおにぎり 塩ができたらおにぎり

海水にふくまれている塩分は
3%くらい*だから
1ℓから30gくらいできる計算

*場所や時期によってちがうが
海水1kgに塩はふつう
33～35gふくまれる。

**海水からつくった塩に
ふくまれているもの**

塩素	55.04%
ナトリウム	30.61%
硫酸	7.68%
マグネシウム	3.69%
カルシウム	1.16%
カリウム	1.10%
重炭酸	0.41%
臭素	0.19%
ホウ酸	0.07%
ストロンチウム	0.04%

塩のつくりかた

*海水をコーヒー用のペーパーフィルターなどでこして、よごれをとりのぞいてから使うとよい。

*火を使うときはおとなといっしょにやること。ホットプレートでもじょうずにできる。

1 海の水をお持ちかえり
からになった水とうやボトルに入れてかえるべし。

2 なべに入れて、火にかける
海水をどっさり入れると時間がかかる。500ccくらいだとあつかいやすい。にえてきたら弱火にする。

ステンレスやほうろうのなべ

3 しっとりとした感じになったら、火をとめる
余熱(なべのあたたかさ)でかわかしたら、塩をスプーンでとる。

白いものがでてきたぞ
こげないように注意、注意

結晶のつぶの大きさで味がびみょうにかわるのだふしぎ

電子レンジで、かんたん天然塩
耐熱皿に海水100ccを入れて、ようすを見ながら約10分チンすると塩ができる。しっとりしたくらいでとめて、あとは余熱でかんそうさせる。
*少量の海水でないとむずかしい。また、海水がとびちったら庫内をちゃんとふいておくこと。

うまい!

海をコラージュしてみました

かたくるしいのはにがてなの。
ゆらりふんわり、波にゆられ
風のふくまま、気のむくまま
写真をとり、砂を集め
切って、ならべて、はって
思いつくまま組み合わせて
1まいの作品にしあげました。
〈かんそう〉 組み合わせが楽しいわ。波や風も集めてみたいわ。

2年 なみのり組 なみま くらげ

先生から
組み合わせのマジックですね。こんどは立体コラージュにもチャレンジしてみませんか。

海色コラージュ
海でとった写真をちりばめて
1まいの絵にしあげたの。

海の思い出ボックス
すきとおったケースに
砂や貝がらなど
を入れる。

「貝トルマッチ」観戦レポート

ヤドカリをとっつかまえ、からのとりあいを観察した。おなじくらいの大きさの貝がらがけんかになりやすいようだ。

＊絵本すいぞくかん「みんなほねなし？」にヤドカリのひっこしのことがかいてあるよ。

にごらせた海水＊
（クロレラ、青汁パウダー、こなミルク、しょうゆなど、いろいろためしてみた）
＊人工海水でもよい。

アサリを入れた水そう　　アサリを入れない水そう

「ウニ歩き」の観察

ウニの歩きかたをじっくり観察した。ゆっくりだがウニウニとたしかに前進。ついでにナマコとヒトデの歩きかたも観察した。
＊水族館でも観察できる。

管足を動かして歩く

「アサリはえらいぞ」実験

アサリは水をきれいにしているときき、ためしてみた。30分おきに2時間しらべた。たしかにきれいになった。
「アサリ1こが1時間1リットルくらいきれいにする」というデータもある。
＊弱ったアサリだとうまくいかない。

はらへったな　はらへったな　はらへったな　はらへったな　はらへったな　はらへったな　はらへっ

「ヒライソガニ*のもよう」の研究

甲らのもようがみんなちがうので
たくさん集めてみた。
絵をかいてレポートにまとめた。

＊岩の下などにすんでいる
　甲らのぺちゃんこなカニ。

うみべの観察だぜ

海には、たくさんのおいしい、
いや おもしろい生きものがいる。
じっくりながめてみるとますます
うまそう、いーや感動しちまった。
ごくりつばをのみこみながら
まじめにしんけんに観察したぜ。
〈かんそう〉ベンキョー意欲は
たぶん食欲からはじまるのだな。
でも、よく見るとみんなかわいいな。

5年　つっぱり組　しゅもく さめじろう

「潮のみちひき」レポート

おなじ場所から1時間おきに観察した。
なぜおきるかも、しらべてみたぞ。

写真をとった
満潮

干潮

気象庁のホームページなどから
干潮、満潮の時刻などを
しらべていくと観察しやすい

先生から
興味は研究の第一歩です。
みんながこわがるので
おなかがいっぱいのとき
に観察してね。

「タイのタイ」標本

魚を食べるとき
魚の形をしたほね（"タイのタイ"とよぶ）を
さがして集めてみた。
魚によってほねの形もさまざまだったぜ。

＊"タイのタイ"は絵本すいぞくかん
　「さかなをたべる」を参考に。

「フジツボの食事」観察

岩についているフジツボが
ほうきのようなもので
プランクトンなどをつかまえて
いるようすを観察した。
貝のようなすがただが、貝ではなく
エビやカニのなかま。
味もエビににている。

へらへったな　はらへったな

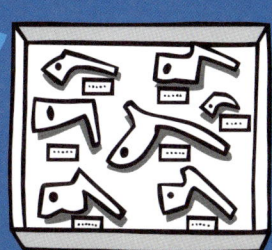

ムシャムシャ

水族館で自由研究しました

はじめて水族館に行きました。深海ではけっして会えない魚がたくさんいてびっくりぎょうてんいたしました。わたくし的にテーマをきめレポートにまとめてみました。
〈かんそう〉 世の中ってふしぎがいっぱい。いつかお魚ファッションのデザイナーになりたいわ。

6年 しんかい組 ちょうちん あんこ

先生から
さすが深海の優等生。りっぱなレポートですね。そうそう、あなたも、じゅうぶんふしぎで魅力的ですよ。

「ひれの使いかた」レポート

フグのひれの使いかたをじっくり観察しました。こんどはほかの魚でもしらべてみたいわ。

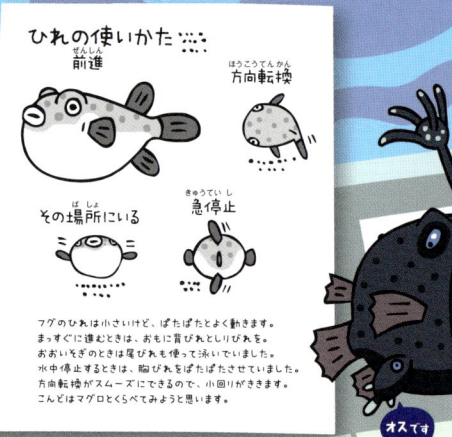

ひれの使いかた
- 前進
- 方向転換
- その場所にいる
- 急停止

フグのひれは小さいけど、ぱたぱたとよく動きます。まっすぐに進むときは、おもに背びれとしりびれを。おおいそぎのときは尾びれも使って泳いでいました。水中停止するときは、胸びれをぱたぱたさせていました。方向転換がスムーズにできるので、小回りがききます。こんどはマグロとくらべてみようと思います。

オスです

「目のつけどころ」しらべ

魚の目がどんなふうに動くかしらべてみました。

目のつけどころ
- 動かない
- ななべつべつに動く

すんでいる場所やえさのいる場所、てきのいる場所などによって、目のついている場所がちがうようです。たくさんの群れでくらす魚は目があまり動かず、1ぴきでくらしている魚はきょろきょろと目がよく動いているような気がしました。

「鼻のあな」の研究

鼻のあなの数や形をしらべてみました。

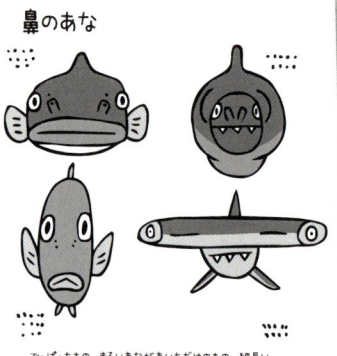

鼻のあな

わたしのは…

でっぱったもの、まるいあながあいただけのもの、細長いあながあいているもの…。鼻のあなはいろいろさまざまでした。魚の鼻はにおいをかぐためのパーツで、魚は鼻で呼吸はしません。たいていは前のあなから水が入って、後ろのあなから水がでていくようになっています。口とはつながっていません。

「魚のスタイル」コレクション

よくにたスタイルの魚を集めてみたの。

魚のスタイル

スマートな魚、まんまるい魚、細長い魚、ひらべったい魚、魚スタイルはいくつかのパターンがあるようです。

あたしもいるよ

＊絵本すいぞくかん「さかなのかお」「さかなのかたち」を参考に

「海の生きものファッション」チェック

もようや色をきめて、魚をさがしました。
それのもつ意味も考えてみました。

しましま

たてじま、横じま、ななめじま、太いしま、細いしまがあります。ここにあげた魚を、ニンゲンは横じまとよびます。頭を上にし立ったときに、しましまがたて縞ができるのだそうです。魚はめったに立たないのにへんね。

はでな色

深海では見たことのないカラフルな色の魚がたくさんいました。明るくてはでな色の海では、こんなハデハデな色の魚のほうが目だたないのかもしれません。まあ、深海はまっくらだから、こんなにハデでも見えませんけどね。

水玉もよう

細かい水玉、大きな水玉があります。
色もいろいろです。見つめていると目がちかちかします。
あたしのファッションの参考にしたいと思います。
あたしは 7色の水玉がいいな。

ふ〜ん…

「魚の目」ウオッチング

魚の目のもようを
スケッチしてみました。

魚の目

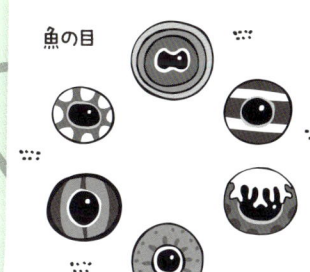

色やもようがいろいろで、目もおしゃれです。
目に金ピカのかざりのある魚がいて、びっくりしました。
魚にはまぶたがないのでウインクができません。
ニンゲンは目の中のレンズのあつさをかえてピントをあわせるけど、魚はレンズを前後に動かしてピントをあわせます。

ほかにもこんな観察をしてみたわ

「えらぶたばくばく」観察　魚がえらぶたを1分間に何回ばくばくさせるかしらべた。

「魚のひげ」さがし　ひげのある魚をさがし、ひげがどんな役にたつのかしらべた。

「尾びれ」観察　尾びれの形を10種類さがし、泳ぎかたや泳ぐスピードとの関係をしらべた。

「ひれ関係」の観察　10種類の魚で、胸びれと腹びれのついている位置をしらべた。

「イカのジェット推進」観察　イカの泳ぐようすをじっくり観察。

『みつ豆クラゲ』

わたしは、みつ豆がだいすきです。
みつ豆を食べると
ふーっと体がすきとおる気がします。
風景が、ほどよくすけてみえます。
赤えんどうの水玉がぽつんぽつん。
すずしげな感じです。
今日は、フルーツみつ豆に
かえてみました。
すきとおった体に、みかん色、
さくらんぼ色、パイナップル色が
かわいらしくすけて見えます。
明日は、あんみつにしてみようかしら。

『しおだまりのウメちゃん』

ウメちゃんは、しおだまりの
かんばんイソギンチャク。
潮がひいているときは
すっぱそうに口をつぐんで
ウメボシばーちゃんみたい。
でも、潮がみちてくると
触手を花のようにひろげて
にこにこ、あいそうをふりまく。
「１００年後も元気に花をさかせるわ」
ウメちゃんは、口からぽいぽいっと
子どもイソギンチャクをうんだ。

海物語つくってみました

海の底は、モノを考えるのに
ぴったりな場所でございます。
そこでこの夏は、じっくり
海底にこしをおちつけて
今まであたくしが考えたことを
物語やマンガにしてみたので
ございます。いかがかしら？
〈かんそう〉じっとしていたので
ちょっと運動不足になりました。

4年 かいてい組 てつがく なまこ

先生から
じっくりながめると
物語がうかびますね。
このいきおいで海の歌を
つくってみませんか。

『わがはいはウニである』

コンブの林で、わがはいは目をさました。
そして、いつものようにコンブを食べた。
昼ごはんにも、コンブをむしゃむしゃ食べた。
「あしたもあさっても、きっとコンブ。
ずっとずーっと、たぶん、おそらくコンブ」
そう考えたら、きゅうにむなしくなった。
わがはいは、管足をウニウニと動かして
ゆっくりゆっくり歩き、林をぬけてみた。
砂の上で、ナマコが砂を食べていた。
もくもくと食べ、もくもくとふんをしている。
こほんとせきばらいをして、わがはいはたずねた。
「砂ばかりでは、人生つまらなくありませんか？」
ナマコはふりむきもせず、明るい声でこたえた。
「そうかしらね、砂はいかが？ おいしいよ」
わがはいは、すすめられるまま砂を口にふくんでみた。
「ふふふっ」
ナマコはわらいながら、
砂を食べ、
ふんをのこし、ゆっくりと
とおりすぎていった。

「……」
わがはいは、来た道を
ゆっくりひきかえし
夕ごはんのコンブを
しみじみあじわった。
（つづく）

つぎはどんなお話にしようかな

なりきり海中体操をつくりました

海の友だちが、元気はつらつ勇気りんりんになれる体操です。自分がウニやナマコ、イカになったつもりでがんばりました。ぜひ、いっしょにやりましょう。
「なりきり海中体操、よぉ〜い！」
〈かんそう〉どんなふうに体が動くか、動かせるか考えるのにとてもくろうしました。

3年 なぎさ組 ひとで げんき

先生から
こんどの運動会で、ぜひやりましょう。
海中劇、海底ダンスをつくってみるのもいいわね。

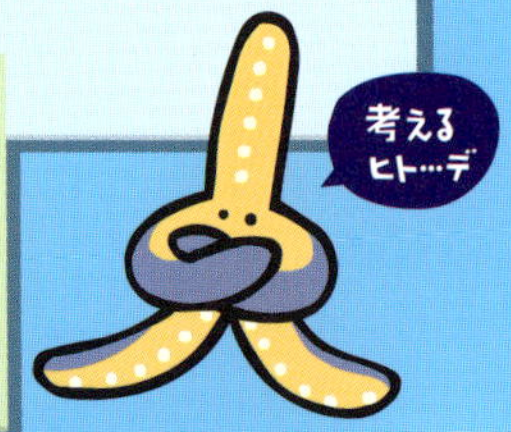

なりきり海中体操
まずナマコ体操から　よぉ〜い

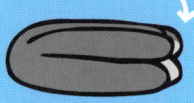
❶ まずナマコになりましょう。

❷ 下の管足を動かして前にすすみます。

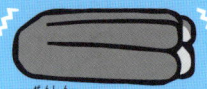
❸ 全身に力を入れて体をカチンコに。

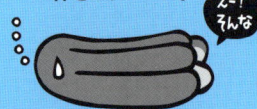
❹ 内臓をだしてすっきりしましょう。

つぎはイカ体操

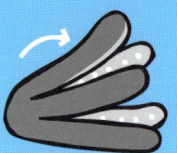
❶ イカになりまーす。

❷ おしりをふくろに入れイカかんせい。

❸ ふくろからでたうでをばたばたさせます。

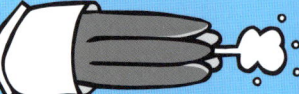
❹ いきおいよく水をはいて泳いでみましょう。

そしてウニ体操

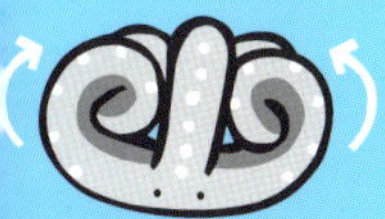

❶ うでをまるめて まるくなります。

❷ じっとしまーす。

❸ 管足を動かしまーす。

さいごにヒトデ体操

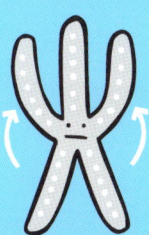
❶ うでを上にあげて せのびの運動から。

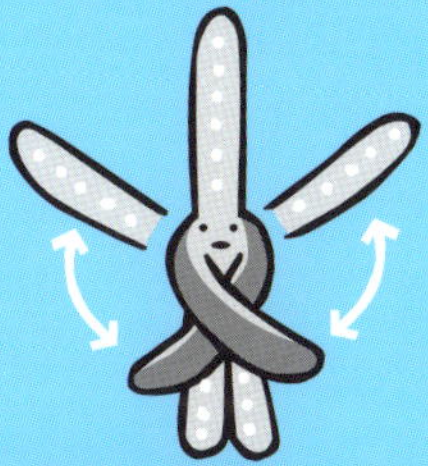

❸ うでをすぼめせなかを のばしまーす。

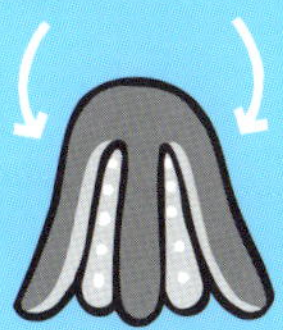

❻ 上体を大きく そらして、ブリッジ。 管足ものびのび させましょう。

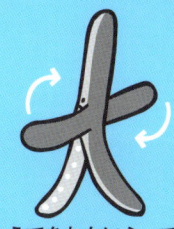
❾ うでを左右にふって 体をねじります。

❷ うでをひらいて うでの運動。

❹ うでをひらいて立ち 左右にうでをふります。

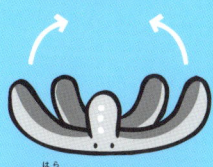
❼ 腹ばいから、うでを 大きくそらす運動 です。

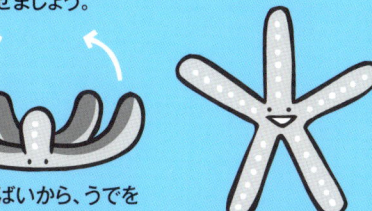
❿ 海を感じながら 大きく深呼吸。

おしまい

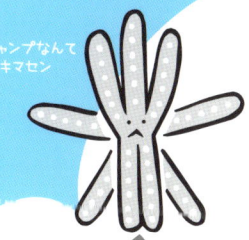
ジャンプなんて デキマセン
❺ 2本うでとび〜 うでをひらいて〜 とじて〜。

❽ うでを曲げ、うでを からませ、うでを まわしましょう。

あいたた……

ピッピッピー
きつーおまんな
ひーひー
グキッ

3 びんの中をデザインする

ひろってきた石やビーチグラスを接着剤でくっつけてかざる。
市販のフィギュアを入れても楽しい。

けしごむをけずって形をつくり、色をぬってもよい

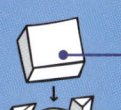

思い出マリンドームです

わたしのすてきな海の思い出をマリンドームにとじこめました。自分のフィギュアも入れました。ながめるたびに、うっとりほれぼれ「世界一キレイなのはだ〜れ？」毎日、ドームに話しかけています。
〈かんそう〉水の中に入れるので水にとけないえのぐやねんどをさがすのにくろうしました。

3年 ひらひら組 うみの ちょうちょ

先生から
いろいろ入れてみるのはいいけど、お友だちをマリンドームに入れるのはやめてね。キケンです。

4 水を入れてふたをしめる

グリッター（きらきら光るかけら）などを入れるとゴージャス。

マリンドームをひっくりかえしもとにもどすときらきらきれいよ

5 ねんどや紙などを使ってデコレーション

ふたをあけられるようにしておくとなかみを入れかえられる。

ねんどをふたのまわりにつけてかざる

27

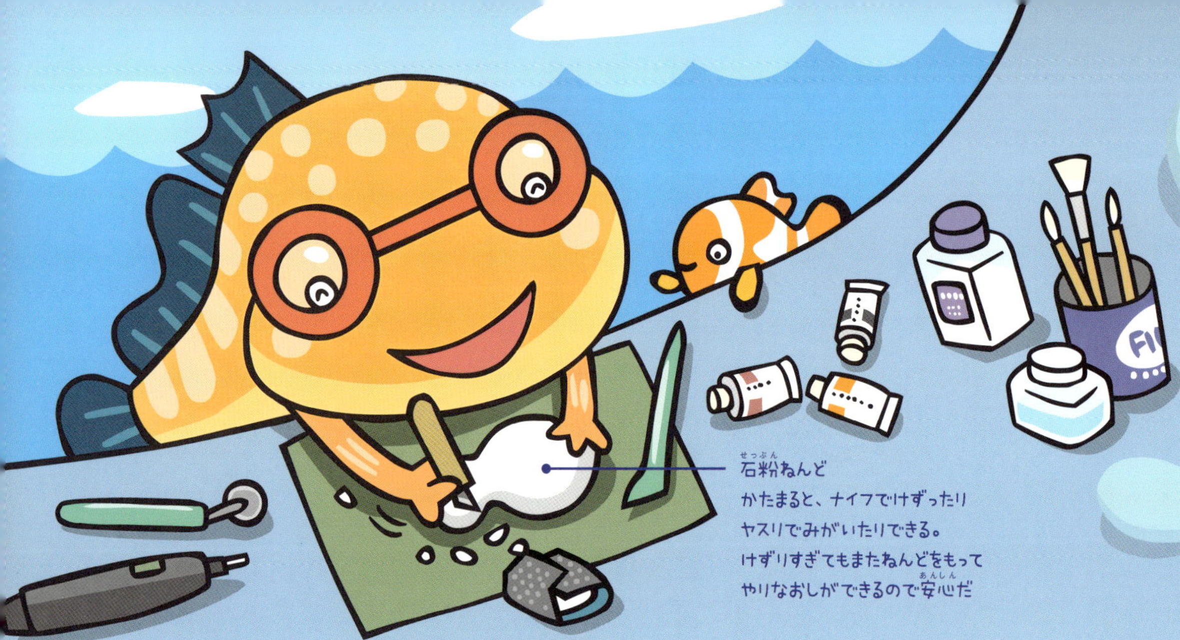

石粉ねんど
かたまると、ナイフでけずったりヤスリでみがいたりできる。
けずりすぎてもまたねんどをもってやりなおしができるので安心だ

たろぎょ直伝 フィギュアのつくりかた

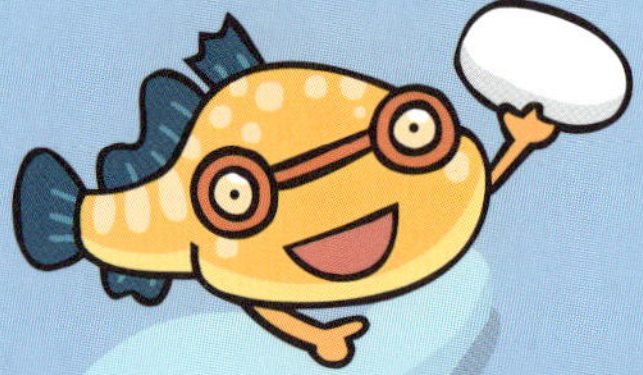

1 つくりたい大きさより少し小さめの芯をつくる。

発泡スチロール
（紙をまるめたものでもよい）

2 1に石粉ねんどをうすくはりつけ、全体をおおう。

完全にかわくまで待つこと

3 さらにねんどをはりつけて魚の胴体部分をつくる。

形はおおざっぱでよいこれまた完全にかわかすこと

土台のつくりかた

❶ クリップを曲げて支柱にする。

❷ クリップといっしょに石や金くずなどのおもりをねんどに入れて土台にする。

❸ 魚の名前を書いて両面テープではる。

❹ 細長くのばしたねんどで名前のラベルをうめこむ。

❺ かわいたら色をぬり土台完成。

10 大きな部分からはじめ細かい部分まで色をぬる。

しあげにニスをぬって完成！！

できた！

えのぐはアクリルガッシュがきれいでおすすめ

9 下地になる色を魚全体にぬる。

かさねぬりで下の色は消せるのでだいたんに色をぬろう

ボク流フィギュアです

こだわりのフィギュア（模型）です。魚たちのフィギュアをつくっているとなんだか気持ちがうきうきします。つくればつくるほど、ふかみにはまります。もう、どっぷりはまってぬけられません。とまりません。でも、いいでしょ〜っ、これ。〈はんせい〉がんばりすぎて、ほかのしゅくだいができませんでした。

6年 こだわり組 ともなが たろぎょ

先生から
むちゅうになるのは、とてもだいじなことです。たまはベンキョーにもはまってね。

8 針金にねんどをもって胸びれをつくり、かわいたらナイフと紙やすりで形をととのえる。

これで形づくりおしまいっ

へこみにはさらにねんどをもってかんそうさせ紙やすりで形をととのえる

4 ナイフでけずったり紙やすりをかけて形をととのえる。

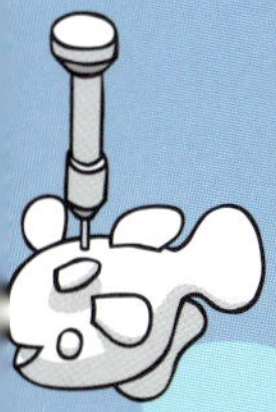

7 細かいパーツにとりかかる。ナイフで口の部分を切りとる胸びれ用の針金をさしこむねんどをもって目をつくる。

5 針金をさしてひれの芯にする。

6 針金にねんどをもりつけてひれをつくる。

フィギュアにあなをあけ土台をさしこむ。

針金をさすところにはピンバイス（工作用の小さなドリル）であなをあけておく

かわいたら、ナイフなどで細かい部分をととのえる

よしっ

作品と記念撮影でーす
いっしょに声をだして、はいっ

う・み・の・しゅ・く・だ・いぃ〜

遊んで
しゅくだい
へへっ

海にも水族館にも行けなかったけど
おうちで「ちりめんじゃこ標本箱」をつくった。
2年 おうち組 おまつり きんぎょ

イラスト● ともなが たろ
「磯があらば遊べ」
「あわてるビーチコーマーは拾いが少ない」
灯台もとで暮らしたい
ホームページ「ぼくのすいぞくかん」下潮 館長
http://www.linkclub.or.jp/˜tarot/

構成・文● なかの ひろみ
「海で宿題？ やるわけないよね」
といいながら、けっきょく
「海で仕事をしてしまった」編集者。

知恵袋・文● まつざわ せいじ
宿題が間に合わない悪夢はなんとしても避けたいですね。
でも、今回の本も、締切り前にたくさんの宿題が出ました！
今も、うなされそうです。

装丁・デザイン● まつもと よしこ
たのしむ・はまる・あそぶ
大人になってわかる宿題のコツ
ソウダッタノカ…

写真● うえき ひろゆき

協力● 瀬戸口 靖（表紙写真）
　　　安延 尚文
　　　こばやし まさこ
　　　中野 海生

絵本●すいぞくかん〈あそぼう編〉
うみのしゅくだい

発行 2007年7月20日　初版発行
2013年7月3日　第3刷
ともなが たろ／絵
なかの ひろみ／文
まつざわ せいじ／知恵袋
まつもと よしこ／装丁・デザイン

発行人／小林　佑
編集人／山口郁子
発行所／アリス館
東京都文京区目白台2-14-13 〒112-0015
電話03(5976)7011　振替00190-4-42502
http://www.junposha.co.jp/alice/

印刷所／瞬報社写真印刷株式会社
製本所／株式会社ハッコー製本

© Taro Tomonaga, Hiromi Nakano, Seiji Matsuzawa 2007　Printed in Japan
ISBN978-4-7520-0378-6 C8645 Y1400E　32P
落丁・乱丁本は、おとりかえいたします。
定価はカバーに表示してあります。